DES ERREURS

ET DES

PRÉJUGÉS POPULAIRES

5282

IMPRIMERIE L. TOINON ET Ce, A SAINT-GERMAIN.

CONFÉRENCES POPULAIRES
FAITES A L'ASILE IMPÉRIAL DE VINCENNES
SOUS LE PATRONAGE
DE S. M. L'IMPÉRATRICE

DES ERREURS

ET DES

PRÉJUGÉS POPULAIRES

PAR

CH. WADDINGTON

Agrégé de la Faculté des lettres de Paris
Correspondant de l'Institut

PARIS
LIBRAIRIE DE L. HACHETTE ET Cⁱᵉ
BOULEVARD SAINT-GERMAIN, Nᵒ 77

1866

Droit de traduction réservé.

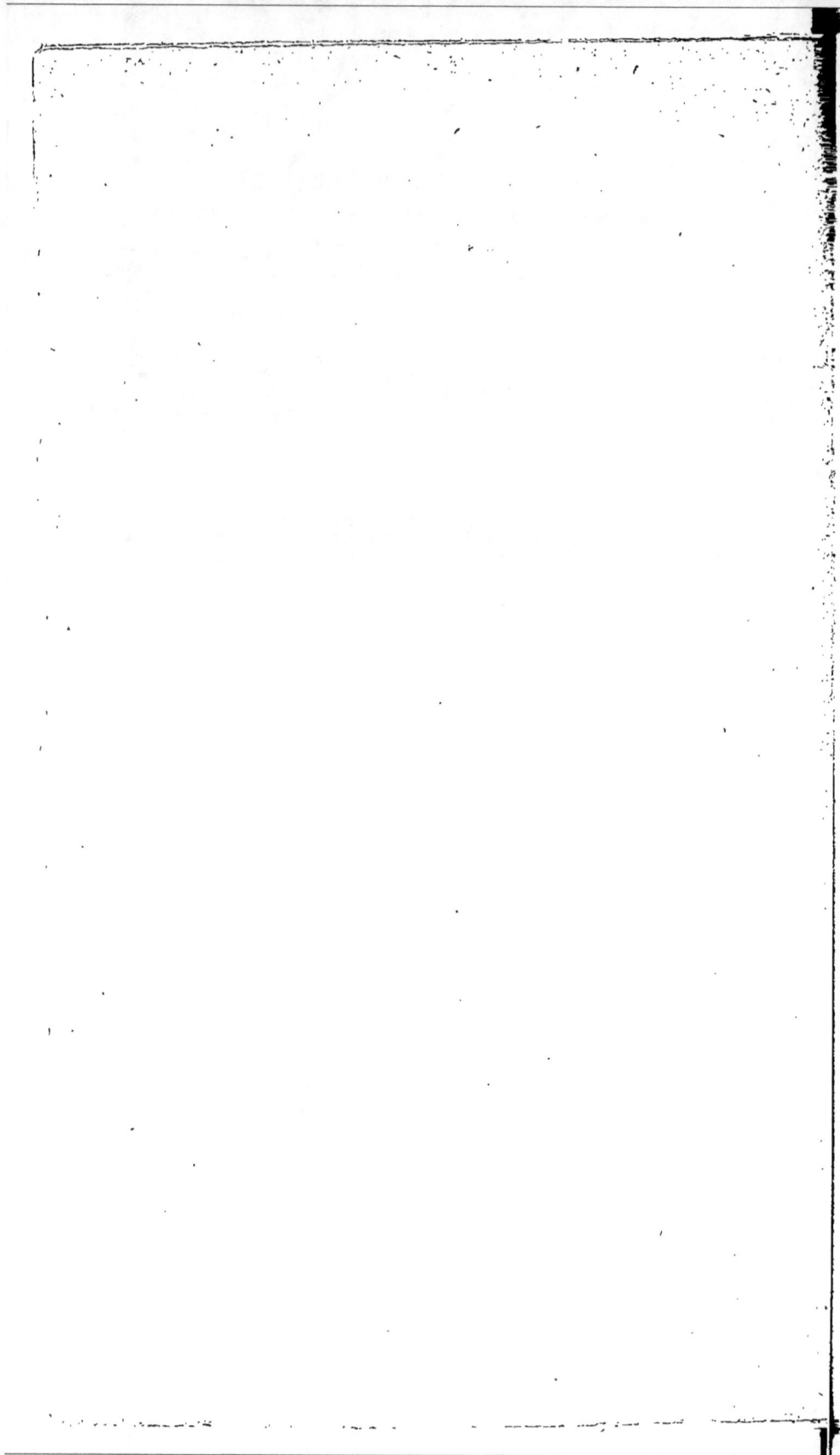

DES ERREURS

ET

DES PRÉJUGÉS POPULAIRES

Messieurs,

C'était autrefois, paraît-il, un grand luxe qu'un maître en philosophie. Lorsqu'il y a deux siècles, Molière exposait sur la scène les travers et les ridicules de son Bourgeois Gentilhomme, il le montrait copiant maladroitement les habitudes de la plus brillante aristocratie qui fut jamais, ayant en tête d'acquérir, un peu tard, non-seulement de belles manières, mais de l'esprit, du goût, de la science, enfin, pour comble, se mettant pour ainsi dire à l'école d'un philosophe.

Ce qui semblait alors une sorte de folie est devenu tout simple de nos jours. A Paris et dans toute la France, on voit s'organiser des conférences semblables à celles-ci, dont la philosophie fait les frais à son tour. Ici même, devant d'honnêtes artisans et de braves ouvriers, des ouvriers de Paris, il est vrai, mais peu habitués pour la plupart à entendre sa voix austère, la philosophie croit être à sa place. Ainsi l'a pensé du moins l'ingénieuse bonté qui a pris l'initiative de ces cours familiers, et qui en a tracé ou approuvé le programme ; ainsi le veut la loi du progrès qui appelle indistinctement tous les hommes à jouir des bienfaits de l'instruction à tous les degrés ; ainsi le veut surtout l'esprit même de la philosophie, qui n'est pas autre chose, chez ses vrais représentants, que l'amour de l'humanité à la fois et l'amour de la vérité, — un grand amour de la vérité mis au service d'un grand amour de l'humanité.

Quelles que soient nos conditions respectives, Messieurs, nous avons tous le même intérêt, et nous devons attacher le même prix à connaître la vérité : car c'est le plus solide de tous nos biens; sa possession nous rendrait grands, forts et heureux, sa vue même imparfaite suffit pour nous fortifier et nous réjouir, en nous donnant la paix de l'esprit dans la pureté de la pensée. C'est donc de la vérité que nous nous entretiendrons ce soir, et c'est avec le désir de nous rendre plus capables de la connaître, plus dignes de la posséder que nous allons examiner ensemble et combattre d'un commun accord une des causes qui nuisent le plus à sa propagation, je veux dire l'erreur, sous sa forme la plus générale et la plus dangereuse, cette espèce d'erreur qu'on appelle le préjugé.

A vrai dire, c'est la tâche à laquelle vous êtes conviés dans chacune de ces réunions, avec cette différence que chaque savant spécial s'applique à éclairer avec vous un point particulier, à établir une vérité et à détruire l'erreur qui y correspond, tandis que la philosophie, qui aime à voir les choses de haut, vous invite à un travail d'ensemble, à une étude un peu plus spéculative peut-être que

pratique sur les erreurs et les préjugés en général.

On abuse souvent de ce mot de préjugé.
Ainsi on l'applique quelquefois, bien à tort,
aux plus douces de nos affections, à celles qui
sont le plus nécessaires au cœur de l'homme,
et sans lesquelles la vie lui serait intolérable.
Qui de nous n'a entendu certaines personnes,
souvent blasées avant l'âge, traiter superbe-
ment d'illusions et de préjugés l'amour,
l'amitié, le respect, la reconnaissance, les
affections même de la famille? Ceux qui
tiennent un tel langage ne prouvent qu'une
chose, c'est qu'ils ne connaissent pas bien ce
dont ils parlent. D'autres, encore plus mal
inspirés, ne craignent pas d'appeler préjugés
de nobles et généreuses anticipations de l'esprit humain, de saintes croyances, des pres-
sentiments sublimes, la foi au devoir, à la
vertu, à un Dieu juste et bon, à l'immorta-
lité de nos âmes, après les luttes doulou-
reuses de la vie. Ce ne sont pas là les préjugés auxquels s'attaque la philosophie. Jamais
une sage philosophie, vraiment amie de l'hu-

manité, n'a entrepris de lui ravir des croyances qui la fortifient, des aspirations qui l'élèvent, des espérances qui sont sa plus précieuse consolation.

Les préjugés proprement dits sont ces opinions téméraires à la fois et erronées [1], légèrement conçues et propagées, puis obstinément retenues et confirmées par l'ignorance ou par de mauvaises passions, et dont la science est en état de démontrer et la fausseté et les inconvénients ou même les dangers.

Voilà les préjugés qu'il est utile d'extirper, et que la philosophie a toujours tenu à honneur de combattre de front : car c'est là un mal, un grand mal, un des fléaux de l'âme et de l'esprit humain!

En effet, supposez un homme prévenu d'opinions telles que je viens de les caractériser ; il est fermé à la science, il est incapable de recevoir la vérité, à laquelle il est de-

---

1. Voir, dans le *Dictionnaire des sciences philosophiques,* l'article *Préjugé,* par M. Franck.

1.

venu en quelque sorte hostile, dont il est
comme un ennemi vivant. Ces idées fausses,
naturellement d'accord avec les faiblesses et
les passions qui leur ont donné accès dans nos
cœurs et qui les y entretiennent, sont encore
fortifiées par l'habitude, par l'éducation, la
lecture, les conversations, nos relations avec
ceux qui, les ayant une fois adoptées, ne
veulent plus les désapprendre. Ce ne sont
pas de simples préventions ou des jugements
individuels : les préjugés ont pour eux l'au-
torité du nombre et l'apparence du sens commun ; ils s'imposent comme des principes et
s'expriment pour ainsi dire en axiomes : ce
sont les axiomes de l'erreur. Aussi la philosophie condamne-t-elle sans restriction tous
les préjugés qui méritent ce nom ; elle leur
fait la guerre à tous, même à ceux que, par
une alliance impropre de termes inconcilia-
bles, on décore du titre de préjugés légitimes.

La première chose à faire pour combattre
utilement ces redoutables adversaires, c'est
de les reconnaître, de les démasquer et d'en
faire une sorte de revue ou d'inspection gé-

nérale. Mais il y faut procéder avec beaucoup de sang-froid; car aussitôt qu'on évoque ces fausses images qui usurpent dans notre esprit la place de la vérité, ces vains fantômes qui lui cachent les objets réels, on les voit accourir en foule, on en est assailli de toutes parts. Regardons-les donc bravement en face.

Voici d'abord la légion innombrable des superstitions, représentées et soutenues par des milliers et des millions d'adhérents : dans l'antiquité la plus reculée, les Égyptiens, avec leur culte insensé pour des animaux, réels ou fantastiques, utiles ou nuisibles à l'homme; plus tard les Grecs et les Romains, perdant courage, lorsqu'au début d'un voyage ou d'une entreprise quelconque, ils entendent le cri aigu de la chouette, ou le croassement du corbeau, ou le tonnerre grondant à leur gauche. Au moyen âge, nous sommes en présence des fées, des sorciers, des enchanteurs.

Arrivons-nous aux temps modernes, nous retrouvons les mêmes faiblesses, j'ai presque dit les mêmes enfantillages, les craintes puériles qu'excitent parmi nous, tantôt une salière renversée par mégarde, tantôt le bourdonnement de l'oreille qui tinte, ou bien les hurlements nocturnes d'un chien de garde, ou encore une araignée aperçue à l'improviste, non le soir, ce serait signe d'espoir, ni même à midi,—signe de souci,—mais le matin,— chagrin !

Tout le monde, sans doute, n'est pas sujet à s'inquiéter pour de si faibles motifs; nous sommes plutôt disposés, en général, à nous en moquer; mais combien d'autres préjugés de cette sorte qu'il serait trop long d'énumérer, et qui ne sont pas toujours aussi frivoles, ni surtout aussi inoffensifs! Et songez que des multitudes innombrables croient à ces présages menteurs, sur la foi de leurs vieilles légendes. Tout à l'heure je vous signalais une légion; mais en vérité c'est une armée que nous avons devant nous, une armée composée de nations.

Est-ce tout? Non! voici venir d'autres erreurs en nombre incalculable : celles d'abord qui naissent à foison de l'amour-

propre de l'homme, toujours porté à se
flatter et à s'en faire accroire, et qui se prend
volontiers comme le but, le centre ou la mesure de la création tout entière ; puis celles
qu'enfantent l'orgueil national, légitime dans
son principe, mais qui s'égare souvent dans ses
applications, et l'engouement de la province
ou de la ville dans laquelle on est né, et à qui
l'on attribue ou le bien penser, ou le bien
parler, ou tout autre mérite qui semble être
sa propriété particulière; toutes les idoles
qu'encense l'esprit de secte, de parti, d'école,
qu'il s'agisse de religion ou de politique, de
morale ou d'histoire, de commerce ou d'in-
dustrie, enfin des sciences, des lettres ou des
arts. Tous les sujets y prêtent; rien n'y
échappe, et, de tous côtés, vous voyez sur-
gir ces illusions, ces opinions décevantes,
ces fantômes de vérité.

En prenez-vous un isolément pour le sou-
mettre à l'épreuve de la critique, il s'évanouit
bientôt devant vous; mais d'autres se présen-
tent en foule pour le remplacer.

Vous voulez, par exemple, vous soustraire

à une crédulité excessive et dont vous avez reconnu l'inconvénient; vous avez rejeté de vieilles croyances, des traditions mensongères : eh! bien, par un entraînement naturel, glissant sur cette pente, vous tombez dans un amour exagéré de toute nouveauté. Tout nouveau, tout beau ; tout ce qui est différent de ce qui a été dit jusqu'ici doit être vrai. Nouvelle erreur, nouvelle source, pour mieux dire, d'erreurs et de préjugés !

Ou bien vous voulez vous séparer du vulgaire, vous voulez quitter la foule et secouer le joug de ces erreurs qu'on appelle populaires. Qu'arrive-t-il? vous tombez dans celles des savants. Eh quoi! Les savants aussi payent-ils leur tribut à l'erreur? Oui, sans doute : ils sont hommes, c'est tout dire; et non-seulement ils ont leur part de la maladie commune, mais ils ont de plus leurs préjugés propres et particuliers, résultant de leurs études favorites, de la méthode spéciale qu'ils y appliquent et de la passion exclusive avec laquelle ils s'y livrent.

L'un veut tout démontrer (c'est un mathéaticien). Mais tout ne se démontre pas. On

e démontre pas sa propre existence, la

mière qui nous éclaire, la différence entre

n homme éveillé et un homme endormi. Ce

ont des choses qu'il faut accepter, sans en

hercher la preuve, parce qu'elles sont plus

laires que toute démonstration.

Un autre, renfermé dans le cercle de la

hysique, de la chimie et des sciences qui

ortent sur la nature visible, s'obstine à nier

out ce qu'il ne peut voir de ses yeux et tou-

her de ses mains, comme si nos pensées,

os sentiments, nos résolutions intérieures

t les faits attestés par de nombreux et hono-

ables témoins, n'étaient pas des réalités dont

l est ridicule de douter.

Je ne parle pas des vaines hypothèses,

les fausses théories que chaque siècle a vues

aître en plus ou moins grand nombre.

Ce que j'ai dit suffit pour établir qu'il y a

des erreurs scientifiques, aussi bien que des

erreurs populaires.

Vous le voyez, Messieurs, l'ennemi que

nous avons devant nous, le préjugé, est véri-

tablement un ennemi à mille et mille têtes
Ne craignons pas de l'attaquer, et faisa
porter notre effort sur les plus gros bata
lons, abordons hardiment ces erreurs qu'o
appelle populaires. Ce n'est pas nous re
treindre beaucoup que de nous borner à celle
là, car elles résument à peu près toutes le
erreurs et tous les préjugés, ceux des savant
comme les autres.

C'est une remarque aussi vraie que cu
rieuse, que presque tout préjugé actuelle
ment répandu dans les masses, a été,
l'origine, une erreur des savants, des esprit
cultivés, de ceux qui avaient charge d'ensei
gner le peuple. Il en est de la science comme
de la lumière. Toutes deux nous arriven
tour à tour d'une manière directe ou par de
milieux et des intermédiaires qui en brisen
et en dispersent les rayons, qui en altèren
l'éclat et en diminuent la puissance. Comme
la lumière aussi, la science est naturelle ou
artificielle, véritable ou fausse ; et, de même
que durant le jour nous ne voyons que grâce
au soleil, radieux ou voilé, de même

os jugements réfléchissent toujours l'état
de la science à notre époque. Les preuves de
ce que j'avance abondent : je me bornerai à
quelques exemples.

Si, de nos jours encore, presque tout le
monde se plaint des sens et regarde comme
une source d'idées fausses et de notions trom-
peuses des facultés qui, pour être limitées
dans leur exercice et dans leurs objets, n'en
sont pas moins légitimes et véridiques pour
ce qui est de leur domaine, à quoi cela
tient-il? A qui remonte ce préjugé contre
lequel protestent la science et la philosophie
moderne, sinon aux philosophes et aux
savants d'autrefois qui, en si grand nombre
et avec un accord si imposant, ont accusé
les sens et dénoncé leurs prétendues erreurs?

Ames sensibles qui, dans une chambre
modeste, contemplez avec attendrissement
deux gravures célèbres, longtemps populaires
et qui se servent de pendant l'une à l'autre :
là Homère, le glorieux poëte, là Bélisaire,
le général tombé dans la disgrâce; tous deux

aveugles dans leur vieillesse, conduits to[us]
deux par un enfant et vivant de la pi[tié]
publique ; vous les contemplez avec atten[-]
drissement, avec sympathie, mais il fa[ut]
bien vous le dire, ces infortunes sont chim[é-]
riques ; ce sont des fictions et des fables ! I[l]
poëte à qui nous devons ces chefs-d'œuvre[s],
l'Iliade et l'Odyssée, voyait certainement l[es]
choses qu'il a si bien décrites : il n'éta[it]
pas aveugle ; et quant à Bélisaire, même a[u]
plus fort de ses disgrâces, jamais il n'eut l[es]
yeux crevés ni ne tomba dans cet excès d[e]
misère où on vous le représente. Commen[t]
se sont accréditées ces traditions mensongè[-]
res ? Elles viennent tout simplement d'histo[-]
riens mal renseignés, de critiques qui avaien[t]
trop d'imagination, de poëtes, de roman[-]
ciers et d'artistes qui les ont adoptées et po[-]
pularisées, non parce qu'elles étaient vraies[,]
mais parce qu'elles leur ont paru pathé[-]
tiques.

Tandis qu'un bon fermier, le soir, dan[s]
sa cour, en caressant son chien, tandis qu[e]
le pauvre aveugle, au retour de ses course[s]

a été guidé par ce fidèle animal, son
gnon et son ami, s'écrient volontiers :
d'intelligence dans ce chien! il ne
manque que la parole! » d'autres per-
s, en assez grand nombre dans le
e cultivé, adoptent l'exagération con-
et sont disposées à douter que les bêtes
une âme, quoique évidemment elles
nt des signes de connaissance, de sen-
t, d'affection.
bêtes ont donc une âme, si l'âme est
ui connaît, ce qui sent, ce qui aime.
vient donc cette opinion très-répandue,
es n'en ont pas? C'est notre grand
rtes et ses sectateurs qui ont mis à la
e ce préjugé, bien accueilli d'ailleurs
amour-propre de l'homme qui volon-
se réserve le privilége de l'intelligence;
aussi par une certaine timidité de
nce qui se trouble à l'idée d'admettre
le monde un si grand nombre d'âmes,
e si ces âmes inférieures et périssables
t comparables à nos âmes spirituelles
mortelles!

Dans un autre ordre d'idées, vous
tous que longtemps on a tiré, en q
sorte, la bonne aventure des enfants
naient au monde, ou, suivant le mo
sacré, leur horoscope, et cela au mo
la disposition des étoiles au moment
naissance. On croyait généralement q
destinée devait être ce que le savant
nome, ou plutôt l'astrologue, le devin
decidé qu'elle serait, en vertu de la sit
d'astres qui évidemment n'ont rien
dans nos actes et dans nos aventures
erreur venue d'abord des Chaldéens,
savants astronomes de Babylone dont
avez tous entendu parler, et plus tard
firmée par les astronomes juifs et arab
moyen âge, exerce encore aujourd'hui
influence sur ceux qui, les jours de fo
font dire la bonne aventure.

L'action prépondérante que presque
le monde attribue à la lune sur le bon
mauvais temps, en dépit des physicien
dernes qui n'en veulent plus, ce son
physiciens qui l'ont autrefois imaginée

ux d'abord qu'il faut s'en prendre
erreur.

yance presque universelle et à peine
ux quatre éléments nous vient aussi
miers physiciens de la Grèce, et en
er du savant Empédocle qui en est
er auteur responsable. Vous le
onc, ce que la science appelle au-
i préjugé, erreur populaire, elle l'a
admis elle-même autrefois comme
comme vraisemblance.

Messieurs, il n'est pas bon d'insister
défaillances de la science humaine.
ner ainsi contre elle, c'est parler
esprit humain et contre nous-mêmes.
s agréable et plus salutaire de con-
s progrès de la science, en nous
le spectacle réjouissant des erreurs
eu cours autrefois et qui de nos
t disparu ou qui tendent à dis-
, au moins dans les sociétés civilisées
re la science moderne et qui mar-
ans les grandes voies du christia-

Un savant médecin anglais du der
siècle, nommé Thomas Brown, a entre
de dresser un catalogue des préjugés po
laires. Son travail est très-incomplet: il
révèle guère que des erreurs relative
l'histoire naturelle; et cependant il rem
deux volumes d'une dimension assez
pectable, puisqu'ils ont de quatre à c
cents pages chacun. Bien entendu, je
pas accepté la charge de le compléter de
vous; à ce compte, nous pourrions être
core ici dans plusieurs fois vingt-qu
heures. Je ne veux que prendre un peu
hasard, dans cet ouvrage et ailleurs, q
ques exemples d'erreurs tombées dans l'o
ou dans le ridicule, afin d'y puiser la
viction qu'après tout, et quelles que so
ses bornes et ses imperfections, l'es
humain marche en avant, qu'il se dé
peu à peu des erreurs qui ont pesé sur
et qui souvent ont exercé sur la
morale et sociale l'influence la plus dé
treuse.

Longtemps, par exemple, on a admis

stres étaient d'une nature incorruptible,
u'à ce que la découverte de taches dans
leil vint enterrer pour jamais cette vieille
othèse.

ès les premiers débuts de la science as-
omique, on a pris l'habitude qui sub-
r encore de relier par des lignes imagi-
es les étoiles qui brillent dans les espaces
tes, de manière à en former des groupes
es figures bien connues sous le nom de
tellations, et, en particulier, les signes du
que. Ces figures sont tout à fait arbi-
es. C'est uniquement le bon plaisir des
onomes qui leur a donné naissance et
ensuite leur a imposé des noms quel-
ois assez mal appliqués. Eh bien, il est
réque, tout le monde prenant au sérieux
lessins fantastiques et ces dénominations
rres, on a fini par leur attribuer des ver-
merveilleuses et une influence extraor-
ire sur la vie humaine. En voici deux
mples que je tire de la *Logique* de Port-
al [1]. « Il y a une constellation dans le

[1] Dans le 1er *Discours préliminaire*.

ciel qu'il a plu à quelques personnes d'appel(e)
balance, et qui ressemble à une balan(ce)
comme à un moulin-à-vent. La balance e(st)
le symbole de la justice ; donc ceux q(ui)
naîtront sous cette constellation seront just(es)
et équitables. Il y a trois autres signes da(ns)
le zodiaque qu'on nomme l'un bélier, l'aut(re)
taureau, l'autre capricorne, et qu'on eût p(u)
aussi bien appeler éléphant, crocodile (ou)
rhinocéros. Le bélier, le taureau et le cap(ri)
corne sont des animaux qui ruminent. Do(nc)
(remarquez la force de ce raisonnement) ce(ux)
qui prennent médecine quand la lune e(st)
sous ces constellations sont en danger de
revomir. » Quelque extravagantes que soie(nt)
de telles imaginations, il s'est trouvé qua(n)
tité de gens à qui, paraît-il, elles étaie(nt)
proportionnées, et qui s'en laissaient pe(r)
suader.

Longtemps encore, vous le savez, on s'(est)
représenté la terre immobile au centre (du)
monde, et le ciel tout entier, avec ses glob(es)
immenses et immensément éloignés de nou(s)
tournant autour de notre petite planèt(e)

Les progrès de l'astronomie ont fait justice de ce rêve de l'orgueil humain, et de nos jours, les hommes même les moins cultivés ont tous entendu parler du mouvement de la terre sur elle-même et autour du soleil.

Tous les règnes de la nature ont été pour l'homme une occasion de faillir, en lui suggérant des hypothèses chimériques. Dans le règne minéral, par exemple, on a cru longtemps que tous les métaux pouvaient se transformer en or, au moyen d'une certaine matière dont il s'agissait seulement de trouver le secret, et qu'on appelait la pierre philosophale. Personne n'en avait la recette, mais tout le monde y croyait, et c'était à qui mettrait la main sur cette substance mystérieuse, dont le seul attouchement devait transformer en or le fer, le cuivre, le plomb ou tout autre métal. Aussi les alchimistes du moyen âge, et même quelques princes dont les budgets étaient trop restreints à leur gré, s'appliquèrent-ils avec beaucoup d'ardeur à découvrir la pierre philosophale. Les savants mo-

dernes, malheureusement, n'y croient plus,
ils ne la cherchent plus, de sorte qu'il n'y a
guère d'apparence que nous la trouvions jamais.

Parmi les plantes, plus d'une a donné lieu
à des erreurs aujourd'hui effacées. Les vieux
Gaulois, nos ancêtres, et leurs prêtres païens,
les druides, attribuaient, vous le savez, au
gui du chêne des propriétés surnaturelles et
faisaient toutes sortes de cérémonies pour le
cueillir et l'offrir à la vénération du peuple.
Une croyance superstitieuse, qui a également
fait son temps, consistait, chez les anciens,
à considérer les lauriers comme un excel-
lent préservatif contre la foudre. Depuis
Francklin, nous croyons avoir de meilleurs
paratonnerres.

Chez les animaux (vous voyez que le
monde entier a servi de prétexte aux préjugés et aux erreurs), il suffira de vous
rappeler les noms fabuleux du sphinx et du
phénix, cet oiseau unique et qui renaît de
ses cendres; puis la salamandre, qui était
supposée vivre dans le feu; et la taupe

aux petits yeux, qu'on a si longtemps crue aveugle.

L'homme et son histoire ont aussi prêté une riche matière aux conjectures, aux fictions et aux fables. Pourquoi, par exemple, honorait-on autrefois, pourquoi salue-t-on encore aujourd'hui ceux qui éternuent? L'usage persiste, mais la raison, évidemment superstitieuse, qui lui a donné naissance, nous est tout à fait inconnue; elle s'est perdue, au grand désespoir de certains érudits qui ne savent qu'imaginer pour s'en rendre compte. Faut-il penser, avec quelques-uns, qu'il régna jadis quelque grande épidémie dont le premier symptôme était l'éternuement? De là viendrait cette parole de bon augure : « Portez-vous bien, que Dieu vous bénisse! » Ou bien serait-ce qu'au moment où le fabuleux Prométhée plaça sous les narines de sa statue le feu sacré dérobé du ciel, le premier acte de l'homme, appelé ainsi à la vie, fut d'éternuer, de sorte que la vénération et le respect qui se sont attachés si longtemps à cet acte si ordinaire. seraient

comme un témoignage de reconnaissance e
d'admiration pour ce grand phénomène de
la vie se produisant pour la première fois?

On comprend mieux, Messieurs, qu'avant
les voyages de Christophe Colomb et la dé
couverte du Nouveau Monde, on ait nié
comme absolument impossible l'existence
de nos antipodes, c'est-à-dire d'hommes placés sur cette partie de la terre qui nous est
diamétralement opposée, en sorte que, par
rapport à nous, ils semblent marcher la tête
en bas : conception un peu difficile pour
nous-mêmes, peut-être, et qui aurait eu
peine à prévaloir, sans les lumières que la
géographie et la physique ont apportées aux
nations modernes.

Tandis que les anciens se refusaient à
admettre les antipodes, qui existent réelle-
ment, ils plaçaient dans les régions du nord
les pygmées qui n'existèrent jamais, c'est-à-
dire des hommes d'une taille au-dessous du
possible, des nains d'un pied environ et dont
le nom, opposé à celui de géant, est demeuré
proverbial.

Enfin, au moyen âge, toutes les nations de l'Europe ont admis et répété la fameuse légende du Juif errant, aujourd'hui reléguée parmi les contes de fées.

Sur tous ces points et sur beaucoup d'autres encore, l'esprit humain a marché, et il est aisé de constater un progrès dans l'état moyen des intelligences; mais les erreurs dont la destruction doit surtout nous réjouir, ce sont celles qu'on peut appeler véritablement des énormités morales et sociales. Rappelez-vous, par exemple, l'état de servitude et d'abaissement où gémissait la femme, et où elle est encore aujourd'hui retenue chez les nations païennes, et partout où elle est traitée comme une esclave et sacrifiée aux caprices de l'homme dont elle est cependant ou doit être l'égale, sinon par la force qui lui a été refusée, du moins par l'intelligence et par le cœur, sans compter qu'elle lui est supérieure et par la grâce et par cet ingénieux dévouement qui la destine à être le charme de la vie humaine et l'âme de cette association de la famille où l'homme apporte le néces-

2.

saire, mais où elle seule sait ajouter le bien-être et l'agrément.

Songez encore à tant d'abus fondés sur une fausse idée de la nature humaine, et qui, devant l'histoire, seront l'immortelle honte des peuples qui les ont adoptés. Pensez surtout à cette vieille abomination de l'esclavage, défendue et justifiée par les plus sages dans l'antiquité, comme le fondement même de la société, tandis qu'en réalité elle en aurait infailliblement amené la ruine, si l'homme pouvait vivre autrement qu'avec ses semblables.

Grâce à Dieu, on a vu se localiser peu à peu ces iniquités criantes, ces fruits monstrueux de l'erreur, et l'on entrevoit le moment où le progrès des lumières et la puissance civilisatrice de la religion chrétienne en auront définitivement triomphé. Ah! certes, un tel spectacle est bien fait pour nous inspirer un doux espoir et une grande confiance dans les destinées de l'humanité.

Toutefois, Messieurs, gardons-nous d'un

excessif contentement de nous-mêmes et de notre temps. Au moins convient-il de réfléchir que le blâme que nous adressons si hardiment à nos devanciers, nos successeurs pourraient bien peut-être nous l'appliquer à notre tour. Souvenons-nous de la fable des *Deux Besaces* : le fabricateur souverain, dit La Fontaine,

> « Nous fit tous besaciers de la même manière ;
> » Il fit pour nos défauts la poche de derrière
> » Et celle de devant pour les défauts d'autrui »

Nous n'avons guère considéré jusqu'ici que les préjugés auxquels d'autres ont été sujets ; regardons, je vous prie, l'autre poche ; peut-être y verrons-nous de quoi nous donner à penser.

J'ai parlé d'erreurs anciennes, de préjugés détruits ; mais peut-être ce langage n'est-il pas tout à fait exact. Le nombre des erreurs dont il ne reste rien est-il aussi considérable que celui des erreurs nouvelles qui sont venues grossir l'héritage du passé ? Il est des erreurs modernes, et il en est aussi

qui, pour n'être pas de fraîche date, n'
sont pas moins vivaces. Laissons, si vous
voulez bien, les erreurs qui concernent
sciences physiques et naturelles ou l'histoi
Elles rencontreront ici-même d'autres a
versaires mieux qualifiés que moi pour
démasquer et vous en faire reconnaître
fausseté. Ce qui préoccupe surtout un p
losophe en pareille matière, ce sont les p
jugés et les erreurs qui ont trait à l'ord
moral, et qui peuvent exercer une influen
fâcheuse sur la pratique de la vie, ou q
battent en brèche les principes fondame
taux de la société.

Considérons d'abord les erreurs qui para
sent nuire à nous seuls.

Nous rencontrons ici de nouveau le lo
chapitre des superstitions. Vous et moi, M
sieurs, nous habitons Paris d'ordinaire, to
ou à peu près tous ; par conséquent no
n'avons pas l'habitude, nous n'avons guè
l'occasion de parler entre nous de loup
garous : renvoyons donc à la campagne l
loups-garous, laissons-les en Bretagne

ailleurs. Mais peut-être croyez-vous aux reve-
nants? Non, vous ne pouvez y croire; c'est
une folie, tout le monde le sait et il faudrait
dix preuves pour une pour avoir le droit d'y
croire. Je n'y insisterai donc pas non plus.
J'arrive à des erreurs moins ridicules peut-
être, je ne sais, mais en tout cas plus fâcheuses et qui témoignent comme celles-là de la
faiblesse de notre raisonnement.

C'était un préjugé très-répandu, chez les
anciens, qu'il y a des jours fastes et néfastes,
heureux ou malheureux, des jours et aussi
des nombres bons ou mauvais pour certaines
entreprises. Eh bien! ce préjugé, nous ne
l'avons pas seulement retenu, nous l'avons
aggravé. Nous reconnaissons encore des jours
bons et des jours mauvais, des nombres qui
ont sur notre conduite et sur notre destinée
une influence magique, cabalistique, et
parmi ces jours et ces nombres, il en est
dont les noms vous viennent à la pensée
pendant que je parle, le vendredi et le nombre treize. Tout le monde subit plus ou
moins l'ascendant de ces préjugés, et pour-

tant quoi de plus puéril, quoi de moin
fondé en raison?

Les chrétiens, sans doute, ont des moti
particuliers d'attacher une superstition s
nistre au nombre treize, et de penser ave
tristesse à la journée du vendredi. Ma
quoi! parce qu'une fois, une seule fo
dans le cours des siècles, il est arri
que, sur une réunion de treize personne
assises autour d'une table pour prendre v
dernier repas en commun, il se trouvait v
traître abominable, un Judas! et par
qu'une fois, une seule fois, un grand crin
a été commis le vendredi, un grand sacrifi
a été accompli, une existence exceptionnel
a été couronnée par un martyre sans exer
ple, peut-on raisonnablement inférer de là q
le nombre treize et le vendredi sont à jama
funestes; que toutes les fois que treize pe
sonnes seront à la même table, il y aura u
victime désignée à la mort; que toutes l
fois que reviendra le vendredi, chacun
nous devra s'attendre à quelque malheur, (
tout au moins à quelque insuccès dans s

treprises ! Je vous demande où est la raison
une telle opinion ? Que des chrétiens se
sentent attristés, lorsque vers les fêtes de
Pâques revient l'anniversaire du Vendredi-
Saint ; qu'ils célèbrent cet anniversaire avec
un souvenir pieux et attendri, en songeant
aux souffrances de celui qui voulut mourir
pour les racheter et les sauver, à la bonne
heure : cela est judicieux et louable. Que
même une piété ardente se croie obligée à
renouveler son deuil toutes les semaines,
c'est à la foi d'en décider. Mais attribuer,
outre cela, à chaque vendredi une influence
néfaste pour nous et les nôtres, pour nos
intérêts, nos affaires et nos entreprises, je
n'hésite pas à déclarer que c'est un enfantil-
lage et un non-sens.

Quant au nombre treize, pris en lui-même,
veuillez considérer un instant combien il est
ridicule d'y attacher un sens quelconque,
puisque ce n'est que c'est un de plus que douze.
Vous voilà réunis autour d'une table joyeuse
où vous vous étiez donné rendez-vous pour
une fête de famille. Survient un de vos amis

dont la vue, si vous n'étiez que dix ou onze, vous comblerait de joie. Il arrive treizième : les fronts se rembrunissent, il n'est plus le bienvenu. Quoi donc? Est-ce un traître, un Judas? Il faut l'oser dire, ou bien cessez de trembler ainsi.

Et si vous êtes si scrupuleux pour le nombre treize en cette occasion, pourquoi donc n'hésitez-vous pas à demander à un marchand le treizième à la douzaine? Ou bien, si vous avez hérité de treize mille francs, comment avez-vous le courage d'accepter tout ce qui dépasse les douze mille?

Comment donc se conservent et se maintiennent des opinions si peu raisonnables et qui ne supportent pas l'épreuve de la réflexion? Il est clair, pour qui va au fond des choses, qu'elles ne sont pas l'effet de la piété, mais qu'elles sont entretenues par une certaine paresse de notre volonté et par une certaine lâcheté qui malheureusement nous est naturelle, et sur laquelle je veux appeler votre attention.

Quelle que soit la presomption de l'homme,

artout dans la jeunesse, dans l'âge de la
orce et de la santé, il y a cependant pour
out homme qui a un peu vécu des heures
e tristesse, de découragement, de mécon-
entement de soi-même, où il renoncerait vo-
ontiers à l'action, à tout ce qui exige un
ffort, de l'énergie, enfin l'usage de sa li-
erté. Oui! l'homme à certains moments ab-
diquerait, s'il le pouvait, sa royauté morale
d'être libre. C'est lorsqu'il songe au peu de
bien qu'il a fait, au mal auquel il s'est laissé
aller, et que, rougissant de sa propre conduite, il renie les actes dont il est l'auteur et
le père; il en décline en quelque sorte la
responsabilité, pour la rejeter sur d'autres.
Tout lui est bon pour cela ; il s'en prend à
tout le monde et à toute la nature. Tantôt il
allègue le ciel qui l'a voulu, l'influence irré-
sistible de sa mauvaise étoile, ou celle des
jours mauvais et néfastes et de certains nombres dont la puissance mystérieuse échappe
toute définition. Tantôt il se couvre de ces
grands mots creux mais sonores : le destin,
la fatalité, la destinée! « Nul, dit-il, ne peut

3

échapper à sa destinée, » comme s'il y avait
une destinée qui pût nous empêcher, ayant
une bonne action à faire, de la vouloir
bien entendu dans les limites de nos forces,
ou comme si l'on songeait à la destinée
quand on voit un moyen de satisfaire une
de ses passions. On ne pense à la destinée, on ne l'invoque que lorsqu'on a été
faible, et qu'on voudrait avoir agi autrement.

Il arrive aussi qu'on se retranche der-
rière la mauvaise éducation qu'on a reçue
et dont on se dit qu'on n'est pas responsable. Sans doute, on n'en est pas responsable, mais on n'y est pas non plus soumis de
telle façon qu'on ne puisse s'y soustraire,
puisqu'on la juge si bien et qu'on la con-
damne, on sait donc qu'elle est mauvaise,
et on est libre de ne pas agir suivant les mauvais principes qu'on a reçus. C'est surtout
l'entraînement de l'exemple que l'on accuse,
et quand il est donné à tout moment et
par tout le monde, il faut bien, dit-on, faire
comme tout le monde. Parler ainsi, c'est ou

tier d'abord qu'une société d'hommes n'est
ps un troupeau de moutons, mais la réunion
êtres moralement indépendants, et qui,
même en travaillant à l'œuvre commune,
ot chacun sa tâche et chacun sa part d'ini-
tive. Puis on ne réfléchit pas que, là où
chacun veut faire comme tout le monde, il
fit que celui-ci ou celui-là, le premier
nu enfin, donne le branle, pour qu'aussitôt
it le monde le suive, de sorte qu'en réalité
it le monde fait comme un seul.

Toutes ces manières de dire expriment une
même pensée et ne sont que des déguise-
ents ou des formes diverses d'une même
reur bien connue sous le nom de fatalisme,
qui pousse l'homme à renoncer à sa propre
perté, et à se conduire comme s'il n'y
croyait pas. Or, Messieurs, si l'homme a seul
i-bas la connaissance du bien et du mal,
il lui a été donné de choisir entre eux, de
faire sa vie comme il l'entend, à ses risques
périls, s'il est une personne morale, un
gent responsable, il ne faut pas qu'il vienne
arler de la destinée et des influences exté-

rieures, lorsqu'il a été maître d'agir comme il
le voulait. Il ne sert de rien de dire ce qu'ont
fait les autres, quand il s'agit de ce qu'on
a fait soi-même; chacun répond pour soi.

Cette même faiblesse, cette même lâcheté,
dont chaque jour, hélas, nous nous rendons
coupables, les uns plus, les autres moins,
nous conduit souvent, en se compliquant
d'orgueil, à justifier certains actes que la
vraie morale considérera toujours comme
des fautes, sinon comme des crimes. Notre
faiblesse morale nous ayant empêchés, par
exemple, de dire la vérité et notre amour-
propre ne nous permettant pas d'avouer que
nous avons mal agi, nous nous abusons nous-
mêmes au point de penser et de dire que ces
mensonges étaient ou permis ou commandés
par le devoir. Ce sont, disons-nous, des mensonges qu'on était obligé de faire, qui, par
conséquent, sont innocents, ou bien des
mensonges qui ont pu être utiles à quelque
chose, et qui, par conséquent, sont louables,
tandis qu'en réalité, devant la morale, tout
mensonge est mauvais.

Autre exemple. Un homme est accablé par la souffrance, par la douleur ; il a tout perdu, fortune, amis, parents ; il semble qu'il ne lui reste rien , que par conséquent il n'ait plus rien à faire ici-bas. Il semble qu'il lui soit permis de chercher un remède suprème à ses maux. Ce remède, c'est la mort volontaire ; et l'on croit justifier cet acte, le suicide, en disant que c'est un acte de courage.

Oui, sans doute ! il faut un certain courage pour braver la mort ; mais, quand deux partis vous sont proposés, ce n'est pas du courage que de préférer celui qui demande le moins d'énergie. Ah ! Messieurs, il y a toujours moins de vrai courage à mourir une seule fois qu'à mourir mille fois, en supportant bravement, en homme de cœur, les douleurs de la vie.

Laissez-moi vous lire sur ce sujet quelques lignes de Jean-Jacques Rousseau. Il s'adresse à un jeune homme qui, par un chagrin d'amour, comme cela se voit trop souvent, est amené à des pensées de suicide : « Jeune insensé,

3.

« s'écrie-t il, s'il te reste au fond du cœur le
« moindre sentiment de vertu, viens que je
« t'apprenne à aimer la vie. Chaque fois que
« tu seras tenté d'en sortir, dis en toi-même :
« *Que je fasse encore une bonne action avant que*
« *de mourir !* Puis, va chercher quelque indi-
« gent à secourir, quelque infortuné à con-
« soler, quelque opprimé à défendre. Si cette
« considération te retient aujourd'hui, elle
« te retiendra demain, après-demain, toute
« la vie. Si elle ne te retient pas, meurs, tu
« n'es qu'un méchant. »

Le suicide en effet est, on peut le dire, un
vol fait à la famille, à la patrie, à l'humanité
à qui l'on se doit, et il serait au moins singu-
lier de prétendre qu'un acte par lequel on se
soustrait à tous ses devoirs puisse être indif-
férent ou même digne d'éloge. Le préjugé
qui l'excuse doit donc figurer parmi ceux
dont il me reste à vous entretenir en finis-
sant, c'est-à-dire que c'est une de ces erreurs
qui ne nuisent pas seulement à ceux qui les
commettent, mais qui ont des conséquences
mauvaises pour les autres.

Les erreurs nuisibles à notre prochain ont pour cause principale notre amour-propre ou notre égoïsme, sous cette forme bien connue, l'orgueil. Je ne parle plus ici de l'orgueil de l'homme en général qui se croit le maître et le chef de la création tout entière, et qui, à ce titre, se permet tant de rêves impies ; je veux parler de l'orgueil de race, qui a fait couler des fleuves de sang par la conquête ou par la persécution ; je veux parler de cet autre orgueil qu'on appelle le préjugé de couleur, au nom duquel certaines personnes croient encore pouvoir justifier l'esclavage des nègres, et que la race noire aurait pu aussi bien retourner contre la race blanche et la race jaune, si celles-ci n'avaient été plus nombreuses et plus fortes.

C'est ce même orgueil qui entretient les préjugés de nationalité, d'une part en revêtant la nation à laquelle on appartient, ce qui n'est jamais désagréable pour ceux qui en font partie, de toutes les vertus, de toutes les qualités, et en lui réservant, soit dans le passé, soit dans le présent, soit dans l'avenir,

3..

tous les triomphes et toutes les gloires; d'autre part, en refusant tout cela aux pays étrangers, comme si le vrai patriotisme, cette vertu si chère aux âmes bien nées, devait nous rendre aveugles sur nous-mêmes et injustes envers les autres.

Les préjugés de caste vous sont connus aussi. Vous savez tous que, dans l'Inde, il y a une caste inférieure composée des êtres les plus misérables et les plus dégradés, qu'on appelle des parias. Ils sont le rebut de la nation, un objet de mépris et de dégoût pour tout le monde, et il est arrivé que, par suite de cette condition même où on les relègue injustement et par une cruauté abominable, ces malheureux, acceptant la situation qui leur est faite depuis de longs siècles, se dégradent de plus en plus, au lieu d'être, comme tous les membres des nations civilisées, entraînés dans le grand courant du progrès universel.

Le servage, qui a si longtemps régné en Europe, et dont il est resté des traces en France jusqu'à la Révolution de 89, ne donne qu'une faible idée de la situation douloureuse des parias. Le servage rappelle plutôt l'ancien esclavage dont il était une forme adoucie. Les serfs, au moyen âge, étaient les vaincus de la veille, devenus les vassaux ou les sujets d'un barbare vainqueur. En cette qualité ils furent pendant des siècles soumis à la taille, à la corvée, à toute sorte d'impôts et de vexations.

Grâce à Dieu, nous n'avons plus rien de pareil aujourd'hui, et tous les Français sont égaux devant la loi, comme devant Dieu. Seulement, comme il y a une différence entre nos dons naturels, comme il se produit aussi des différences dans le travail, et par suite dans le mérite réel et dans les droits acquis, comme enfin nous sommes placés dans des circonstances plus ou moins favorables et soumis à des accidents de toutes sortes et qui déjouent nos prévisions, il résulte de tout cela, et il en résultera toujours, des différences et des inégalités de fortune, de condition et de position sociale. Ces inégalités n'ont d'ailleurs rien de fixe, rien d'immuable ; elles n'ont rien de commun avec les castes immobiles et tranchées de l'Orient, de l'Égypte et de l'Inde : ce sont des différences plus ou moins accentuées, toujours variables, réparables en une assez large mesure, le pauvre d'aujourd'hui pouvant devenir le riche de demain, de même que, par des revers imprévus, le riche de la veille peut tomber le lendemain dans la pauvreté.

Cependant, quelque variables que soient ces différences et ces inégalités, il arrive qu'on s'y habitue et que, raisonnant comme si elles devaient durer toujours, notre orgueil satisfait ou froissé donne naissance aux plus fâcheuses erreurs.

Ceux, par exemple, qui sont le plus haut placés sur l'échelle de la fortune et des honneurs, s'enorgueillissant sottement d'avantages accidentels, sont quelquefois portés à mépriser ceux qui ont à travailler pour vivre ; et ces derniers, de leur côté, oubliant tout ce que peut l'énergie intelligente de l'homme dans une société bien organisée, sont quelquefois trop prompts à désespérer de leur

ondition, et s'indignent à la fois de leur
nfériorité et du bonheur de ceux qui sont ou
qui leur paraissent plus favorisés. Erreur!
erreur profonde! Ce qui est vrai, c'est que
les éléments essentiels du bonheur pour un
être tel que l'homme, ainsi que les titres de
la grandeur morale, la vertu, l'héroïsme, les
joies d'une bonne conscience, sont de tout
état, de toute condition. « La vertu, disait Pla-
ton, la vertu n'a pas de maître : elle appartient à qui l'honore, elle se donne à qui la
cherche ! »

Par conséquent, la vraie grandeur, comme
le vrai bonheur, n'est pas à la merci des
événements extérieurs, et ne se trouve pas
toujours où la met notre imagination abusée.
La vraie grandeur est inséparable des grands
attributs de notre nature : elle ne se montre
que chez l'homme de cœur qui, dans la
bonne ou dans la mauvaise fortune, garde
toujours ses qualités distinctives, l'intelligence, la probité, l'énergie, maître de lui-
même, fort contre ses passions, capable de
résister aux séductions du dedans comme à

celles du dehors, faisant enfin ce qu'il doit, advienne que pourra.

C'est encore la vanité blessée, avec un mélange de brutalité, il faut bien le dire, qui a enfanté et entretenu, dans nos sociétés modernes d'Europe, ce fameux préjugé du point d'honneur, si puissant naguère, qu'il avait fait passer en proverbe cette odieuse pensée « qu'un soufflet vaut un coup d'épée. » Grâce au bon sens public, le duel, cette sanglante folie, où la sottise et le ridicule le disputent à l'odieux, tend à disparaître et disparaîtra bientôt de nos mœurs. Que n'en puis-je dire autant de cet autre fléau des peuples, la guerre, si souvent excitée aussi par l'amour-propre et par un faux point d'honneur! Mais je crains bien que l'humanité n'attende longtemps encore la fin de ces funestes rivalités entre les familles dont elle se compose, et l'établissement définitif d'une paix fraternelle entre les diverses nationalités, une fois rendues à elles-mêmes et disposant d'elles-mêmes!

Je suis arrivé, Messieurs, au terme de cette longue étude.

Il me reste à en tirer la conclusion et à vous indiquer, en terminant, les leçons ou les conseils de la philosophie.

Je ne veux pas, bien entendu, vous donner ici un chapitre de logique ; et, pour éviter de tomber du côté où je penche comme philosophe, je vais avoir recours, si vous me le permettez, à une courte comparaison qui exprimera clairement, je l'espère, tout ce qui a été dit de plus sage et de plus incontestable sur les causes et les remèdes de nos erreurs et de nos préjugés.

Représentez-vous une sombre caverne, où l'on ne voit que la nuit et les ténèbres ; d'épaisses vapeurs empêchent la lumière d'y pénétrer ; tout au plus voyez-vous briller çà et là dans l'ombre quelques lueurs vacillantes qui paraissent et disparaissent, fantômes brillants et trompeurs, qui charment la vue, mais qui fuient devant vous et ne se laissent point saisir.

Vous avez tous reconnu sous ces images

les réalités dont je vous ai entretenus ce soir. Cette caverne, c'est notre propre esprit, notre raison individuelle. Ces ténèbres qui l'obscurcissent à l'intérieur, c'est notre ignorance, ce sont les bornes de nos facultés de connaître. Ces vapeurs qui en obstruent l'accès, ce sont nos passions, notre orgueil, ou notre crédulité, en un mot nos faiblesses morales. Ces fantômes, ces reflets plus ou moins brillants de la lumière extérieure, ce sont les préjugés, les erreurs, qui tiennent lieu de principes et de règles de conduite à ceux qui se laissent guider par eux, et dont par conséquent il est urgent, indispensable de se délivrer à tout prix. Mais par quels moyens, par quels remèdes?

Les moyens sont indiqués par les causes mêmes que nous venons de reconnaître. Ils consistent à combattre virilement et notre ignorance et nos passions. Or, celui-là seul pourra vaincre sa propre ignorance, qui aura commencé par s'en rendre compte : il aura du moins détruit la pire de toutes les ignorances, celle qui s'ignore elle-même et qui croit

savoir. Savoir que l'on ne sait pas, comme
disait Socrate, ce n'est pas une petite sagesse
ni une petite science. Quand on sait qu'on ne
sait pas, on est prémuni en général contre
toute opinion téméraire, et, du même coup,
on se sent stimulé à chercher sérieusement
la vérité qu'on ne possède pas, mais qu'on
désire. Et quant à nos passions, dans l'intérêt
de la vérité et de notre intelligence, comme
dans l'intérêt de notre cœur et de notre être
tout entier, nous devons aussi les combattre et
nous en rendre maîtres, non sans doute pour
les extirper, ce qui n'est ni possible ni raison-
nable, mais pour les régler et les réduire à ce
qu'elles doivent être, suivant les plans de la
nature et de la Providence.

A ce prix seulement notre intelligence,
débarrassée de toute souillure, devient un
miroir fidèle de la réalité, le centre lumi-
neux de notre être moral. La vérité pénètre
doucement dans cette âme purifiée où
elle peut habiter désormais comme en un
sanctuaire.

Ainsi se trouvent récompensés nos efforts

vers la science et la sagesse. Ces divins tré-
sors de nos âmes doivent être et seront, n'en
doutez pas, le partage de ceux qui ont le
cœur pur. A ceux-là il est promis qu'ils
verront Dieu, la vérité des vérités.

FIN.

Imprimerie L. TOINON et Ce, à Saint-Germain.

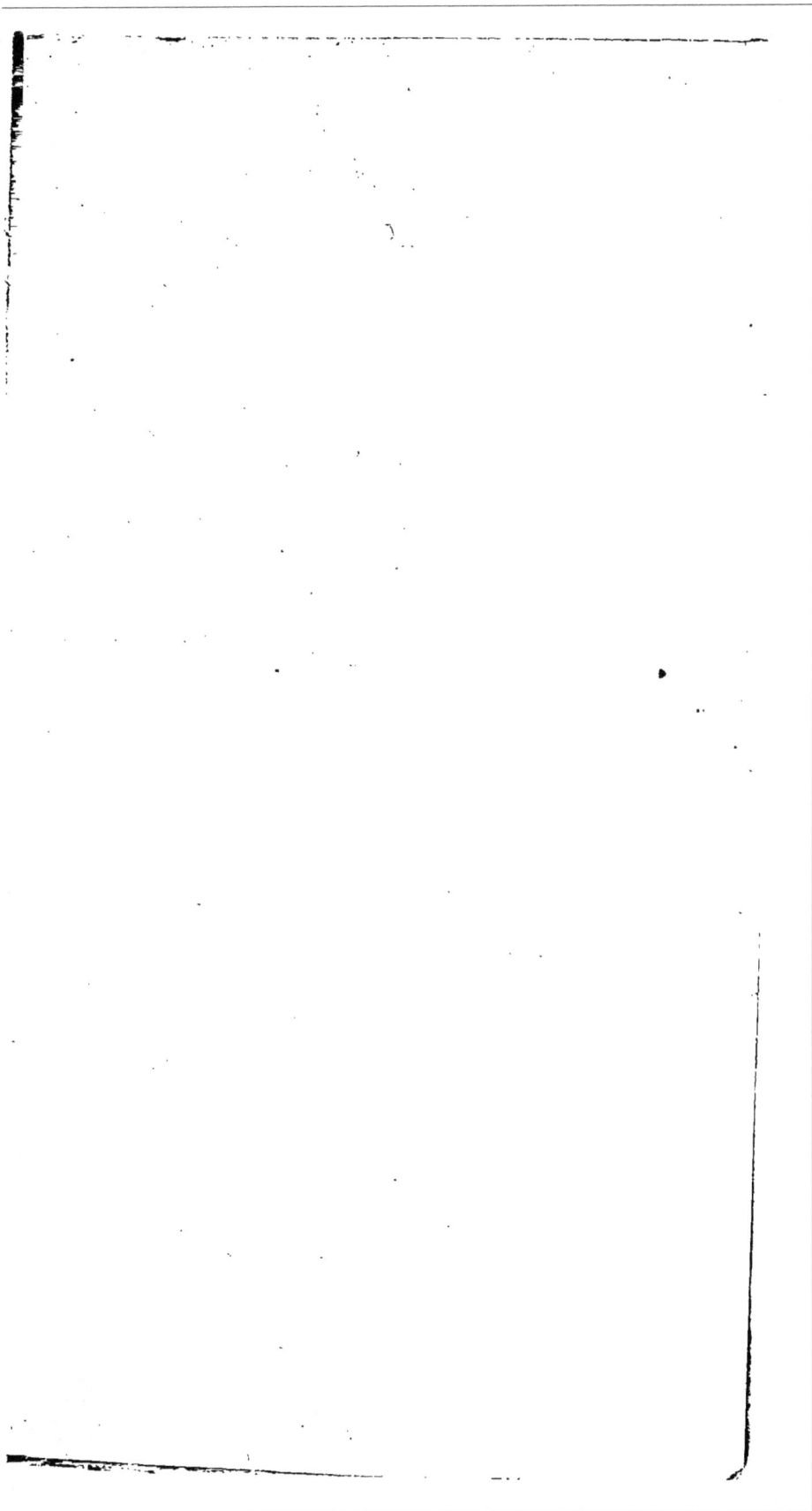

IMPRIMERIE L. TOINON ET Cᵉ, A SAINT-GERMAIN.

www.ingramcontent.com/pod-product-compliance
Lightning Source LLC
LaVergne TN
LVHW021659080426
835510LV00011B/1476